SÃO JOSÉ,

HOMEM JUSTO, ESPOSO E PAI

Pe. José Bortolini

SÃO JOSÉ,

HOMEM JUSTO, ESPOSO E PAI

Dados Internacionais de Catalogação na Publicação (CIP)

(Câmara Brasileira do Livro, SP, Brasil)

Bortolini, José
São José, homem justo, esposo e pai / Pe. José Bortolini. – São Paulo :
Paulinas, 2021.
56 p. (Vida e oração)

ISBN 978-65-5808-046-6

1. José, Santo 2. José, Santo - Orações e devoções 3. Santos cristãos
I. Título II. Série

21-0035   CDD 232.932

Índice para catálogo sistemático:

1. São José   232.932

Angélica Ilacqua – Bibliotecária – CRB-8/7057

Direção-geral:	*Flávia Reginatto*
Copidesque:	*Ana Cecilia Mari*
Revisão:	*Mônica Elaine G. S. da Costa*
Gerente de produção:	*Felício Calegaro Neto*
Capa e diagramação:	*Tiago Filu*

1ª edição – 2021

---

*Nenhuma parte desta obra poderá ser reproduzida ou
transmitida por qualquer forma e/ou quaisquer meios
(eletrônico ou mecânico, incluindo fotocópia e gravação)
ou arquivada em qualquer sistema ou banco de dados
sem permissão escrita da Editora. Direitos reservados.*

Paulinas

Rua Dona Inácia Uchoa, 62
04110-020 – São Paulo – SP (Brasil)
Tel.: (11) 2125-3500
http://www.paulinas.com.br – editora@paulinas.com.br
Telemarketing e SAC: 0800-7010081

© Pia Sociedade Filhas de São Paulo – São Paulo, 2021

Sumário

Introdução 7

1. Apresento-lhes José, esposo de Maria 11

   1.1. Significado do nome José 11

   1.2. José é judeu e se torna importante santo venerado
      pelos cristãos 12

   1.3. Descendente do rei Davi 13

   1.4. O último patriarca 17

   1.5. A comunicação divina mediante os sonhos 18

   1.6. Imagem tradicional de São José: a presença de lírios
      brancos e o Menino Jesus no colo 20

   1.7. Em outras expressões artísticas 23

2. O que os Evangelhos afirmam a respeito de José 27

   2.1. Evangelho de Marcos 27

   2.2. Evangelho de Mateus 29

   2.3. Evangelho de Lucas 37

   2.4. Evangelho de João 41

3. São José na Liturgia e na vida da Igreja 43

   3.1. Duas comemorações 43

4. Patrocínios 47

5. O que aprendemos com São José 49

6. Indicações para a novena a São José 51

Índice das citações bíblicas 55

Introdução

"A memória do justo é para sempre" (Salmo 112,6). Podemos estar certos: se os homens conhecessem e imitassem São José, o mundo seria melhor, muito melhor. Se olhássemos mais a vida de São José, a vida em geral não seria tão maltratada. Se conhecêssemos mais a história do pai adotivo de Jesus, não haveria tanta injustiça. Se, como o esposo de Maria, nos calássemos um pouco para falar menos, nossa história seria menos ostensiva, porém, teria maior conteúdo. Se, como José, tivéssemos braços para acolher crianças, não haveria tantos abandonados...

"A memória do justo é para sempre." Mas não é verdade que ou não temos memória, ou, se a tínhamos, acabamos perdendo-a? Sociedade sem memória não faz história. Em parte, foi para resgatar a memória que o Papa Francisco, no dia 8 de dezembro de 2020, publicou a Carta Apostólica *Patris Corde*, por ocasião do 1500 aniversário da declaração de São José como Padroeiro Universal da Igreja.

Mas isso não é suficiente para o resgate da memória de São José, nem sequer um ano a ele dedicado. Requer buscar nessa fonte, cotidianamente, a água viva que, ao mesmo tempo que sacia nossa sede, a estimula sempre mais.

O texto que você tem agora nas mãos não quer ajudar apenas durante o ano no qual damos especial atenção a São José. Ele veio para ficar e somar esforços para que o bem cresça e vença. No Novo Testamento não vemos José falando, sua vida é feita de silêncio. Porém, seu exemplo deve falar alto, transformar para melhor as famílias. São José não discutiu a relação com Maria. Isso não significa que não possam ter vivido momentos tensos nos quais um pensava diferente do outro. Mas a atitude de José no episódio da gravidez de Maria é emblemática.

Antes de dedicar este livrinho aos casais, preciso revelar duas coisas. Primeira: vivi tempos de incredulidade quanto à duração das uniões matrimoniais. A experiência pastoral, o contato com casais, fizeram renascer dentro de mim a certeza de que há muitos casos de fidelidade a toda prova. Nas celebrações eucarísticas, convido sempre os casais aniversariantes para que, se estiverem de acordo, renovem seu compromisso matrimonial. E os resultados são animadores, não só pelo número de casais que aceitam esse convite, mas também pela alegria com que o fazem.

A segunda coisa que tenho a revelar é esta: considerando a quantidade de casais que vivem aos trancos e barrancos sua vocação matrimonial, depois que me foi revelado o "amigo" que me acompanha, ou seja, a doença que faz parte da minha caminhada, resolvi suportar e entregar a Deus todo sofrimento, as relações rompidas, para que os casais tenham o espírito de José, esposo de Maria.

Dedico este livrete a todos os casais, para que sejam, como foram desde o início, embaixadores do amor de Deus na terra. Quero ajudar a superar os conflitos, lembrando aos casais que a vida matrimonial é um dos caminhos para a santidade.

A memória do justo é para... VOCÊ.

1. Apresento-lhes José, esposo de Maria

1.1. Significado do nome José

José é nome hebraico (*yôsef*) que expressa um desejo da pessoa em relação a Deus: *Que ele* (Deus) *acrescente*. Aparentemente tema sem importância. Mas há um episódio no Antigo Testamento capaz de projetar luz sobre essa questão.

A partir de Gênesis 33,31, assistimos à disputa das duas mulheres de Jacó – Raquel e Lia – para ver qual delas vence o desafio de ter mais filhos. À medida que nascem filhos homens, as duas se sentem cada vez mais abençoadas por Deus, pois superaram o perigo ameaçador da esterilidade, que é um impedimento de participar do crescimento numérico do povo de Deus, antes que Jesus trouxesse novidade a respeito.

Acontece que Raquel – a esposa amada de Jacó – é estéril. No afã de ter mais filhos, as duas cedem cada qual a própria serva ao patriarca, a fim de terem filhos mediante as servas. Lia entregou a Jacó sua serva, e ela gerou filhos para sua senhora: Rúben, Simeão, Levi e Judá.

Raquel, a amada, era estéril. Cedeu sua serva Bala ao patriarca Jacó, e dessa união nasceram filhos: Dã, Neftali.

Quando Lia não tinha mais condições de gerar filhos, entregou ao patriarca sua serva Zelfa, e dessa relação nasceram Aser, Issacar e Zabulon...

Mais tarde, Raquel superou a esterilidade e deu à luz José e Benjamim. Gênesis 30,22 revela: "Então Deus se lembrou de Raquel: ele a ouviu e a tornou fecunda. Ela concebeu e deu à luz um filho e disse: 'Deus retirou minha vergonha'; e ela o chamou José, dizendo: 'Que Javé me dê outro'".

Mostrei essa intricada rede de relações – não considerei importante apresentá-la totalmente – simplesmente para que se perceba como o nome José está desde o início implicado com a vida, é parte da luta para o surgimento da vida e sua defesa. Não sei se essa consciência estava presente quando surgiram os Evangelhos. Para nós, que conhecemos o lá e o cá, tudo isso acaba enriquecendo a exposição sobre São José.

1.2. José é judeu e se torna importante santo venerado pelos cristãos

Este é um tema raramente presente em nossas reflexões. Todavia, é importante que se torne familiar, pois esconde extraordinária riqueza.

Sabemos todos que o Antigo Testamento se encerra com a chegada de Jesus, o iniciador do Novo Testamento. As personagens que participam da passagem nasceram todas no período de expectativa para a chegada do Messias, embora, como no caso de Simeão (Lucas 2,29-32), o Antigo Testamento, do qual o ancião é figura, já possa tomar nos braços o Novo (Jesus), declarando ter alcançado o máximo de felicidade, além da qual a vida nesta terra não pode oferecer.

Portanto, Maria e José, Zacarias, João Batista e Isabel, Simeão, Ana e os doze apóstolos em geral, e todos os que nasceram antes de Jesus pertencem ao Antigo Testamento, tempo de promessas.

Alguns desses nomes citados são considerados e celebrados quais santos, merecedores de culto e nossos intercessores. É o caso dos pais de Maria (segundo um Evangelho apócrifo se chamavam Joaquim e Ana); Maria (em suas inúmeras facetas); José (celebrado duas vezes ao ano); João Batista (dele são celebrados o nascimento e o martírio).

O Antigo Testamento não é obstáculo para que o cristão alcance a santidade.

1.3. Descendente do rei Davi

Há um texto extremamente importante nesse aspecto. Trata-se de 2 Samuel 7. Os cristãos ligados ao evangelista Mateus nos deram o Evangelho do mesmo nome. Mais que qualquer outro Evangelho, associavam Jesus a rei, ou seja, defendiam a ideia da realeza do Senhor, firmados na convicção de 2 Samuel 7. Lá acontecia o seguinte: depois de alcançar certa estabilidade no seu trono, o rei Davi, habitando uma casa luxuosa, sentiu uma espécie de escrúpulo, pois a Arca da Aliança – símbolo da presença de Deus no meio do povo – se encontrava sob uma tenda. E resolve construir uma *casa* para Javé, ou seja, o Templo, que mais tarde será tarefa de seu filho Salomão.

O profeta Natã concorda com o pensamento e as palavras do rei, incentivando-o a levar adiante o projeto. Mas, não se passaram 24 horas, e o profeta, em nome de Deus, se reapresenta para corrigir os planos do rei. Aqui é preciso prestar atenção na palavra *casa*, com seus diferentes significados. *Casa* pode ser uma construção ou moradia, mas pode também significar *dinastia*. Davi pretende construir uma *casa* (moradia) para a Arca, e Deus promete construir uma *casa* (dinastia) para Davi e seus sucessores. A *casa-dinastia* começa com Davi, continuando em seu filho Salomão e seus sucessores.

No ano 931 Salomão morre, e o império se divide entre Reino do Norte (formado por dez tribos) e Reino do Sul (tribo de Judá, com a anexação da tribo de Simeão). O primeiro rei de Judá foi Roboão, filho de Salomão, e assim será até o fim do Reino do Sul, quando ele foi levado para o cativeiro na Babilônia (ano 586 antes de Cristo), exceto o breve período em que reinou uma mulher, Atalia (841-835), que, além disso, não era filha de um rei de Judá.

A monarquia, e consequentemente a dinastia de Davi, desapareceu no exílio babilônico (586-538), mas, como brasas acesas debaixo de cinzas, a esperança do ressurgimento do Messias (palavra que significa *ungido*, quase sempre referida ao rei) não morreu. E, no tempo do Novo Testamento, os dominadores romanos estavam alertas para deter quaisquer movimentos messiânicos que pipocavam um pouco por tudo e brotavam rapidamente como os cogumelos após a chuva.

O evangelista Mateus é quem mais se preocupa com esse detalhe (voltaremos a isso adiante). Na lista dos antepassados (Mateus 1,1-17), o período contemplado vai de Abraão até José, esposo de Maria, da qual nasceu Jesus. Tal período é dividido em três etapas: o período patriarcal, que se encerra com Davi, o período monárquico, apresentando forçadamente (veja adiante) a época dos reis de Judá, realizando dessa forma a sucessão da dinastia, e o período posterior ao exílio, sem reis. Nesse período, as autoridades judaicas comparecem sem detalhes – isso dificulta em parte a identificação – até chegar a José, ponto final da dinastia.

José, portanto, é descendente de Davi, o rei que recebeu a promessa e iniciou a dinastia. Mateus 1,20 deixa isso claro desde o início, chamando-o de "filho de Davi". Sendo descendente de Davi, basta que acolha Maria e o menino, para que também este seja declarado "filho de Davi". E é isso que o povo anuncia vendo as ações em favor da vida realizadas por Jesus. Com razão, Jesus é aclamado como Messias, do começo ao fim do Evangelho de Mateus. Vejamos:

• Mateus 9,27: Partindo Jesus dali, puseram-se a segui-lo dois cegos, que gritavam e diziam: "Filho de Davi, tem compaixão de nós".

• Mateus 12,23: Toda a multidão ficou espantada e pôs-se a dizer: "Não será este o Filho de Davi?".

• Mateus 15,22: Eis que uma mulher cananeia, daquela região, veio gritando: "Senhor, filho de Davi, tem compaixão de mim...".

• Mateus 20,30-31: E eis dois cegos, sentados à beira do caminho. Ouvindo que Jesus passava, puseram-se a gritar: "Senhor, filho de Davi, tem compaixão de nós" ... mas eles gritavam ainda mais alto: "Senhor, filho de Davi, tem compaixão de nós".

• Mateus 21,9a.15: As multidões que o precediam e os que o seguiam gritavam: "Hosana ao Filho de Davi!" Os chefes dos sacerdotes e os escribas, vendo... as crianças que aclamavam no Templo "Hosana ao Filho de Davi!"...

Além disso, veja como em Mateus 22,41-46 Jesus transtorna a pretensa sabedoria das lideranças judaicas mediante um quebra-cabeça envolvendo o mesmo tema.

1.4. O último patriarca

Para o povo da Bíblia, uma das formas usadas para narrar a história é citando gerações. Mateus usa esse método dividindo a história de Abraão a Jesus em três períodos. Se olharmos atentamente, são períodos com duração muito diferente entre si. Vejamos:

• O primeiro período apresenta os patriarcas. A época vai de Abraão a Davi (ignoram-se os antepassados de Abraão), ou seja, de aproximadamente 1850 antes de Cristo a 1010 (por volta de 840 anos). Já se percebe atenção especial ao patriarca Judá, futura tribo de mesmo nome e reino que manterá a promessa da *casa*.

• O segundo período cobre o tempo da monarquia, que vai de Davi (omite-se Saul) ao exílio na Babilônia (586-538 antes de Cristo). É o tempo de vigência da *casa* prometida em 2 Samuel 7. Davi começou a reinar em 1010. Portanto, esse período é formado por 424 anos.

• O terceiro período começa com o fim do exílio (538 antes de Cristo) para chegar a José, pai adotivo de Jesus. Porém, é preciso observar um pormenor: ao falar das outras personagens da genealogia, Mateus usa o verbo gerar: A gerou B. Ao falar de José, Mateus introduz uma pequena, porém, significativa mudança (Mateus 1,16): "Jacó gerou José, o esposo de Maria, da qual nasceu Jesus, chamado Cristo".

Como explicar esse desequilíbrio de tempo entre os três períodos? Comecemos a entender melhor a partir do fim. Mateus declara que as gerações dos três períodos são iguais. Portanto, não se deve buscar a explicação nas diferenças de tempo, e sim na igualdade de gerações em cada período. Mateus diz que são 14. E nós sabemos que se trata de números perfeitos. Assim: 3 períodos de 7 + 7 gerações para cada período. Note-se que 3 e 7 são considerados números perfeitos.

Indo um pouco além, lembramos que os judeus usam letras do alfabeto como números. Cada letra do alfabeto tem seu valor numérico, de sorte que somando os valores numéricos das letras que compõem o nome de Davi (*dwd*), chega-se a 14. Deste modo: $d = 4$; $w = 6$; $d = 4$. $4 + 6 + 4 = 14$. Poderiam ter sido mais as gerações? Sim, poderiam. Mas não teriam o sabor da criatividade de Mateus. Então, quando pensamos em José, espontaneamente vem à memória a figura de Davi, de quem José é filho.

1.5. A comunicação divina mediante os sonhos

Sonhos são linguagem da alma. Se bem interpretados e vividos, tornam-se nossos diretores espirituais. Há técnicas e métodos para interpretar os sonhos que povoam continuamente nosso sono. Raramente os sonhos podem ser tomados ao pé da letra. De modo geral, exigem esforço de interpretação. Quem diz que não tem sonhos melhor faria se começasse a declarar que não se lembra dos sonhos que tem, pois só os que não estão vivos é que não sonham durante o sono.

Os sonhos são a linguagem da alma e é por meio desses canais que Deus se comunica. Se José não desse valor aos sonhos como possíveis canais para Deus se comunicar com ele, nada aconteceria. Mas, ao prestar atenção aos sonhos, ele encontrou a comunicação de Deus. Na Bíblia muitas personagens têm sonhos. Mas, às vezes, se trata de sonhos construídos, ou seja, a pessoa não sonhou de fato determinado sonho. A partir da realidade que está vivendo, transmite uma mensagem em forma de sonho, como se tivesse sonhado.

Também no aspecto dos sonhos, José tem semelhanças com alguns patriarcas. Exemplos:

1. *Gênesis 28,10-22*: episódio conhecido como sonho de Jacó. A explicação pode estar no sentido da escada que une céu e terra; com certeza está também na tentativa de explicar a origem da localidade de Betel e o que motivou a mudança desse nome, pois anteriormente a localidade se chamava Luza, mas agora é Betel (= *casa de Deus*).

2. *Gênesis 37,5-11*: José, filho querido do patriarca Jacó, sonhou, contou os sonhos aos irmãos, que acertaram ao interpretá-los. Mas o acerto na interpretação acarretou o ódio dos irmãos, que planejam matá-lo.

3. *Gênesis 40,1-23*: na prisão, José interpreta os sonhos de dois oficiais do Faraó. A interpretação é correta e os sonhos se tornam realidade.

4. *Gênesis 41,1-36*: José interpreta os sonhos do Faraó. Os sonhos se tornam realidade e José passa a ocupar posto superado apenas pelo Faraó.

É fora de dúvida que José crê serem os sonhos um modo de Deus se comunicar, e interpretá-los é dom que ele concede a quem o teme. Na história de José, torna-se clara a importância dos sonhos: por meio deles, o Egito resiste à fome, o povo continua tendo alimento e uma nação inteira se salva dos anos de carestia. Os sonhos salvaram José e os outros filhos do patriarca Jacó. A obediência aos sonhos fez o rejeitado se tornar o salvador dos que o rejeitaram. Algo semelhante acontece com José, esposo de Maria. E podemos, sem dúvida, considerá-lo o último patriarca do Antigo Testamento, aquele que, em sua representação icônica, traz no colo o Filho de Deus.

1.6. Imagem tradicional de São José: a presença de lírios brancos e o Menino Jesus no colo

Na iconografia do santo, duas constantes características sobressaem: um ramo de lírios brancos e a presença do menino Jesus no colo de José.

Na simbologia cristã, o lírio branco é sinal de pureza e, mais ainda, de castidade/celibato, virgindade e amor incondicional. O texto bíblico que suporta esse pensamento se encontra em Mateus 1,25: "Mas [José] não a conheceu [Maria] até o dia em que ela deu à luz um filho". É a partir dessa frase que alguns defendem a ideia de que José e Maria geraram os "irmãos" e "irmãs" de Jesus citados em Marcos 6,3. Outros sustentam que, ao casar com Maria, José era idoso e tivera esses "irmãos" e "irmãs" com a primeira esposa, falecida. Outros citam o texto de Lucas que mostra Jesus como primogênito (Lucas 2,7) e as leis referentes a ele (Lucas 2,22-25).

O que pensar de tudo isso? Podemos tentar responder fazendo perguntas: O que provocou a opção de imaginar José como idoso? O que está por trás disso? É possível amar profunda e plenamente, sem fazer uso de sexo? Sexualidade é somente genitália ou compreende algo mais amplo? Escolher a solução mais fácil – considerar José qual idoso – diminui o amor, reduzindo-o.

Outra constante característica da imagem de São José o apresenta sustentando nos braços o pequeno Jesus. Penso que essa figura represente a atitude de José depois que o anjo conversou com ele. Mateus 1,24 afirma: "José, ao despertar do sono, agiu conforme o Anjo do Senhor lhe ordenara e recebeu em casa sua mulher". Acolhendo Maria grávida, evidentemente ele acolhe também o fruto do ventre de sua esposa. É pai de família, cheio de cuidados para com a esposa e o menino. Quem o vê com o bebê no colo, não distingue entre pai adotivo e pai físico. José adotou Jesus como próprio filho. Com isso, Jesus adquire o título de "filho de Davi".

Nas representações pictóricas da Sagrada Família, José é identificado com as mesmas características vistas acima. Porém, o menino já está crescido e dificilmente se encontra uma imagem da Sagrada Família na qual o menino esteja no colo de José. Jesus adolescente nos leva a pensar no episódio narrado por Lucas em 2,41-50, conhecido como perda de Jesus no Templo.

Aqueles que adotam essa interpretação estão longe do pensamento de Lucas, que, evidentemente, escreveu essas coisas à luz da morte e ressurreição de Jesus, de sorte que o desaparecimento do adolescente faz pensar em sua morte; três dias lembram o tempo da estadia de Jesus no túmulo; o encontro remete à ressurreição.

Voltando à narrativa histórica, o texto não é absolutamente uma narrativa de perda. Jesus não se perdeu; pelo contrário, encontrou seu caminho de obediência filial ao Pai. Provavelmente Jesus foi submetido à cerimônia do *Bar Mitzvá* (= filho do mandamento). Nessa ocasião, o menino se emancipava, era considerado adulto e responsável por seus atos. Deixava o convívio das mulheres e passava a viver em companhia dos homens. E a ausência em Lucas 2,22-24 do sacrifício para o resgate do primogênito indica que desde o berço Jesus pertence ao Pai. Aí faz sentido aquilo que ele diz a seus pais: "Não sabíeis que devo estar na casa de meu Pai?" (Lucas 2,49).

1.7. Em outras expressões artísticas

Há inúmeras representações artísticas com São José como tema. Uma das mais recorrentes o mostra exercendo seu ofício de carpinteiro, trajando avental e trabalhando a madeira com a plaina, o chão coberto de aparas.

Tanto em Mateus 13,55 quanto em Marcos 6,3, José aparece indiretamente, pois as atenções se concentram em Jesus, chamado de "filho do carpinteiro" em Mateus e simplesmente de "o carpinteiro" em Marcos.

Aspecto positivo nessas duas citações é ter Jesus recebido do pai adotivo como herança o amor pelo trabalho, ganhando o próprio pão. Um santo dos nossos dias expressou esse pensamento com palavras semelhantes a estas: "O trabalho de Jesus é tão redentor quanto sua morte na cruz".

Essas representações artísticas têm pouco contato com a realidade. *Carpinteiro*, em grego, se diz *tékton*, que, além de identificar o carpinteiro, indica também a pessoa hábil em manejar pedras e ferro.

Acrescentemos mais informações. Os Evangelhos falam de cidades, mas na realidade a maioria delas não passava de aldeias. Havia, sim, cidades maiores, como por exemplo Cesareia Marítima e Séforis, mas em momento algum os Evangelhos mostram Jesus nessas cidades grandes. Pelo contrário, ele pode ser considerado homem das aldeias. E isso em parte vale também para José.

Como se sabe, de modo geral a mesa das refeições no mundo judaico consistia num tapete sobre o chão. Igualmente as camas: não eram senão uma esteira sobre a qual a pessoa dormia. Nesse sentido, é interessante examinar a parábola do amigo insistente registrada por Lucas 11,5-8. De dentro de sua casa – normalmente um cômodo apenas – o proprietário apresenta dificuldades para se levantar e dar os pães que o amigo insiste em receber altas horas da noite. A dificuldade era real, pois todos dormiam no chão e muitas vezes em companhia de animais domésticos, a fim de protegê-los dos predadores.

De modo geral, no chão o povo dormia e tomava refeições (bem diferente dos costumes na terra da mulher siro-fenícia, em cuja casa os cachorrinhos disputam migalhas circulando entre as pernas da mesa e das pessoas sentadas em cadeiras, cf. Marcos 7,24-30). Entende-se, portanto, um dado interessante, fornecido por Marcos nas entrelinhas do seu texto. Há, nesse Evangelho, uma tensão em crescimento entre sinagoga e casa. À medida que a sinagoga vai rejeitando Jesus (cf. Marcos 3,1ss), a ponto de 6,1ss nos informar que estamos diante do seu último comparecimento à sinagoga, a casa vai se tornando sempre mais acolhedora, de sorte que ele se sente em casa em qualquer lugar que esteja.

Esta não é uma verdade de fé, mas uma possibilidade. Antes de Jesus, seu pai adotivo, não tendo trabalho suficiente na aldeia de Nazaré, viu-se obrigado a percorrer sobretudo a Galileia em busca de trabalhos com madeira, pedra e ferro, até fora da Galileia.

Justino, que pode ter conhecido testemunhas oculares de Jesus ou pelo menos cristãos da segunda geração, em seu livro *Diálogo com Trifão*, afirma que Jesus fabricava *cangas* (jugos para animais de tração) e *arados*. São dois instrumentos de trabalho agrícola tendo como matéria-prima a madeira e o ferro.

2. O que os Evangelhos afirmam a respeito de José

2.1. Evangelho de Marcos

O Evangelho de Marcos foi o primeiro a aparecer por escrito. Mas nele é como se José não existisse, pois não é mencionado. Isso desperta curiosidade e provoca decepção quando percebemos que não se fala do pai adotivo de Jesus.

Marcos 6,1-6a é o único texto desse Evangelho que nos permite alguma suspeição. Aí se fala de Maria, da qual Jesus é o filho (com artigo definido masculino singular), dando a ideia de que Jesus foi o único filho que ela gerou. Fala-se dos irmãos de Jesus, citando alguns nomes, Tiago, Joset, Judas e Simão, e, também, das irmãs de Jesus, quase se desculpando por não lembrar o nome delas. A expressão "filho de..." é praticamente o sobrenome da pessoa. Aspecto interessante e inusitado é este: em vez de dizer "filho de José", como se faz em Mateus, porém, usando o termo "carpinteiro", o que aparece é o nome da mãe. Levanta-se aqui importante suspeição: José já não estaria vivo.

O debate em torno dos "irmãos" e "irmãs" de Jesus se avolumou ao longo dos séculos. No fundo, o que se deseja é derrubar o tema da virgindade de Maria ou atenuar suas dificuldades. A questão já produziu vasta literatura, e certamente não se esgotaram as energias dos contendedores.

Aqui nos cabe deixar o mais claro possível o motivo pelo qual não é citado José. Por ser o primeiro a usar a palavra "Evangelho", Marcos vai direto ao essencial: a boa notícia é Jesus. E isso é suficiente. Anuncia-se o núcleo central, deixando de lado aquilo que seria complemento.

O Evangelho de Marcos tem como preocupação central mostrar *quem é Jesus* a adultos que desejam receber o batismo e tornar-se discípulos de Jesus. O debate que se levantou deslocou o foco de atenção para algo periférico.

Tentativa de atenuar as dificuldades em torno da virgindade de Maria é atribuir a José, por ocasião do casamento com Maria, a condição de ancião que já atravessou as águas agitadas da juventude e idade adulta. Num primeiro casamento, teve todos esses "irmãos" e "irmãs" citados. A informação é dada por um texto apócrifo chamado *Evangelho dos Hebreus*. Essa notícia é frágil e se mostra impotente diante da potencialidade do jovem e do adulto no campo da sexualidade. Se é impossível manter-se casto nessa faixa etária, caem por terra os esforços e êxitos de tantos que fizeram do celibato um caminho de santidade.

O caminho mais difícil é preferível. Ao tomar como esposa Maria já grávida, o jovem José está realizando o pedido do anjo no sonho: não temer, pois está diante de algo que o Espírito Santo realizou.

Outra remota possibilidade de compreensão consiste nisto: No ano 51 surge o primeiro texto do Novo Testamento, a primeira carta aos Tessalonicenses e, com ela, a nova identidade dos seguidores de Jesus: eles se chamam e se tratam como irmãos e irmãs. Esse conceito, essa forma de tratamento se espalhou e se tornou praxe. Teria influenciado a redação do Evangelho de Marcos?

2.2. Evangelho de Mateus

Mateus traz mais informações sobre José, talvez por ter surgido em ambiente judaico com seus temas preferidos, por exemplo, a relação entre José e seu ancestral, o rei Davi, portador da promessa de uma dinastia que não se esgota.

O Evangelho se abre com a genealogia de Jesus (Mateus 1,1-17). Já vimos algumas características desse texto, agora nos cabe completar com outras ênfases.

José, por ser descendente do rei Davi e, graças à orientação do anjo, por ter acolhido Maria como esposa, assume a paternidade da criança, de sorte que os de fora creem que José é o pai de Jesus, e este está na linha sucessória dos descendentes de Davi. O final da genealogia, porém, esclarece (Mateus 1,16): "Jacó gerou José, o esposo de Maria, da qual nasceu Jesus, chamado Cristo". Note-se o pormenor: para todos os outros nomes masculinos usa-se o verbo *gerar* (*egénnesen*), ausente quando está em cena José. Um pouco adiante, ao explicar o que aconteceu a Maria, usa-se o mesmo verbo (*gennethèn*).

Na sociedade daquele tempo, o noivado já constituía união estável, de modo que a pessoa transgressora dessa união estável era considerada adúltera, sujeita às penalidades da Lei. Maria se cala, José constata e fica perplexo. É necessária a intervenção do anjo para desfazer o impasse.

Mateus afirma que José era justo. Essa palavra diz tudo a respeito de José, mostra sua grandiosidade e faz ver por que pode ser equiparado ao ancestral Abraão e ao rei-modelo Davi.

De Abraão se diz que acreditou e isso foi depositado em sua conta como justiça. Várias situações de sua vida foram marcadas com a qualificação de ação justa. Relembremos alguns episódios.

1. Gênesis 15,1-6: Deus promete ao patriarca aquilo que é capaz de saciar seu mais profundo desejo: ter um descendente e viver tranquilo no próprio chão. O tempo passa e a promessa não se cumpre. Abraão se queixa e Deus o manda olhar as estrelas. Não há evidências de que isso seja humanamente possível. Apesar de todas as provas apontarem um resultado negativo, Abraão crê e isso é depositado em sua conta como justiça.

2. Gênesis 13,1-13: Abraão e seu sobrinho Ló possuem rebanhos e servos em número desigual entre eles. O patriarca é mais poderoso. Os servos de um agridem os do outro por causa dos poços, pois a água escasseia no lugar. O poderoso Abraão chama seu sobrinho e, percebendo que, se houver conflito, o mais fraco sofrerá as consequências, lhe propõe separação. O sobrinho pode escolher onde quer ficar: se decidir ir para o leste, Abraão se deslocará ao oeste. Ló não possuía tantos bens como seu tio, mas não lhe faltava esperteza e ousadia. Vendo a fértil planície do rio Jordão, decidiu dirigir-se para lá, e o patriarca tomou a direção oposta.

O episódio mostra o que Abraão entende por justiça e qual espécie de ação torna justo o ser humano: o poderoso permite que o fraco escolha o melhor, mesmo em detrimento próprio. Assim, cortam-se as pernas da ganância e, com o tempo, supera-se o abismo que separa os pobres dos ricos.

José imita o comportamento de Abraão. Ele percebe que Maria está grávida, desconhecendo por enquanto a ação do Espírito Santo nela. Deve ter sido normal que, em meio a tanta perplexidade, tenha pensado tratar-se de adultério, pois o noivado vinculava e comprometia o casal como se fossem já casados. A possibilidade de adultério era possível, pois os noivos, apesar do comprometimento, ainda não moravam juntos.

José devia estar a par da punição prevista pela Lei para os adúlteros: morte por lapidação para os que adulteravam. Nós podemos imaginar a cena de apedrejamento lendo o Evangelho de João 8,1-11: tumulto, ofensas, humilhações e um rosário de agressões verbais antes do apedrejamento. A Lei é que previa essas coisas (Deuteronômio 22,29).

José podia provocar tudo isso. Mas amava Maria, e seu amor por ela levou-o a procurar outra saída. Em vez de denunciar publicamente a esposa, fazendo-a sofrer os rigores da Lei, decidiu separar-se secretamente dela. Assim, as pessoas pensariam que o culpado seria ele, tendo engravidado e, em seguida, abandonado a esposa grávida. Dessa forma, ele arcaria com o peso da responsabilidade de ter irresponsavelmente abandonado sem motivo válido a esposa que estava grávida.

Durante o sono, no sonho, o anjo do Senhor põe tudo às claras. No entanto, a atitude de José demonstra por que é chamado "justo" e por que sua justiça é superior à justiça dos escribas e fariseus, como mais tarde declarará o próprio Jesus a seus seguidores: "Se a vossa justiça não ultrapassar a dos escribas e fariseus, não entrareis no Reino dos Céus" (Mateus 5,20).

Na genealogia segundo Mateus, observamos ainda o seguinte: a história, de Abraão a Jesus, é dividida em três períodos de tempos desiguais para que percebamos tratar-se de montagem com aspectos de artificialidade. Isso é muito evidente, sobretudo, no período monárquico. Mateus não titubeia em eliminar alguns reis de Judá a fim de obter o número que deseja, para fazer desse período uma homenagem a Davi, o rei justo. Entre os reis Jorão e Ozias, ele omite três nomes e transforma em dois reis o rei Jeconias, talvez pelo fato de esse rei ter tido seu nome mudado.

Comparando a genealogia de Mateus com a de Lucas 3,21-38, notamos várias diferenças.

1. Poucos nomes coincidem.

2. A genealogia de Lucas faz o caminho inverso ao de Mateus. Mateus parte de Abraão para chegar a José; o caminho de Lucas parte de José para chegar, não a Abraão, mas ir além, passando por Adão e terminando em Deus.

3. O nome do pai de José não coincide com o de Mateus. E aqui temos um nó que os fundamentalistas

não sabem desatar: quem foi o avô paterno de Jesus, Jacó (de acordo com Mateus) ou Eli (segundo Lucas)? Quem está com a razão?

4. E a situação se torna mais difícil, quando dizemos que tanto Mateus quanto Lucas estão certos. A solução é tomar as duas genealogias com suficiente liberdade, percebendo que não são cartório que requer exatidão, mas uma "lista teológica". Para Mateus, era importante mostrar que Jesus tem sangue real, ao passo que, para Lucas, o Evangelho se destinava a comunidades vindas do paganismo, para as quais a descendência real de Jesus pouco ou nada interessava para compor a essência da mensagem cristã. Portanto, a resposta é: quando estamos diante de Mateus, vamos dar razão a Mateus; quando estamos com Lucas, vamos dar razão a Lucas, pois cada evangelista tem perspectiva própria.

Voltemos à genealogia segundo Mateus. Em Mateus 1,1 se afirma que Jesus é filho de Abraão e filho de Davi. De Abraão já falamos bastante. Resta-nos acrescentar que no episódio da aliança entre Deus e Abraão encontra-se um texto interessante no qual Abraão ouve dizer (Gênesis 17,5-6): "E não mais te chamarás Abrão, mas teu nome será Abraão, pois eu te faço pai de uma multidão de nações. Eu te tornarei extremamente fecundo, de ti farei nações e reis sairão de ti". Portanto, aceitar Jesus como rei é ver nele a realização da promessa feita a Abraão.

Voltemos à segunda parte de Mateus 1,1, na qual Jesus é chamado "filho de Davi". Já vimos em que consiste a justiça para Abraão. Agora vamos examinar a conduta do rei Davi.

O rei, em Israel, tinha basicamente esta função: administrar a justiça em dois campos, dentro do país e fora dele. Tanto é verdade, que o rei é o comandante supremo dos exércitos de Israel e é ele quem sai à frente do exército para combater os inimigos vindos de fora. Nesse sentido, Davi conquistou e submeteu todos os povos vizinhos, sobretudo os filisteus, tradicionais inimigos de Israel (veja 2 Samuel 8).

Porém, veja o que acontece quando o rei não mais sai à frente do exército para defender o povo (2 Samuel 11,1ss): Davi rouba Betsabeia, mulher de Urias, tenta acobertar o fato e Urias é morto por decisão do rei.

Mas Davi não é considerado o modelo de rei e tem fama de justo? O profeta Natã armou-lhe uma arapuca e Davi... nela caiu, declarando ser réu de morte o autor desse crime (2 Samuel 12,1ss). Mas arrependeu-se, corrigiu sua vida e se tornou exemplo de rei justo. Esse fato é como prego na parede, onde todas as coisas ficam penduradas. É a partir desse "prego" que tudo se explica.

Agora, veja as primeiras palavras de Jesus no Evangelho de Mateus (3,15): "Devemos cumprir toda a justiça". O início do Deuteronômio mostra o pai como responsável pela educação dos filhos, aquele que deve *inculcar* neles a Lei (Deuteronômio 1,8). Imagine então José como educador do seu filho adotivo. O que teria deixado como legado para Jesus?

O episódio da fuga da Sagrada Família (Mateus 2,13-15) só é narrado por Mateus. José obedece às ordens do anjo, a fim de salvar o Menino Jesus. Aquele que na cruz salvou a humanidade, depende de José para salvar a própria vida. Olhando de perto, além de seguir o itinerário de Abraão que desce ao Egito para sobreviver (Gênesis 12,10-20), José, Maria e Jesus realizam um êxodo ao contrário. O êxodo do tempo de Moisés era a saída do Egito, país de opressão, para Canaã, lugar de liberdade e vida. Com a Sagrada Família faz-se o caminho inverso: saída da Judeia, tornada a nova terra de opressão, em direção ao Egito, terra de segurança para muitos judeus desde os tempos do profeta Jeremias (Jeremias 42). A fuga acontece de noite, como no tempo de Moisés.

Porém, Mateus vê no retorno da Sagrada Família à própria terra o cumprimento da profecia de Oseias 11,1. É prefiguração do êxodo que Jesus irá cumprir.

José aprendeu que a escuta e a obediência à vontade de Deus transmitida pelo anjo são certeza de êxito. Porém, ele não age como autômato, tem consciência dos acontecimentos, conhece a realidade e parte do caminho que deve ser descoberto por ele próprio. É isso que nos revela o final do retorno à própria terra: José sabe que Arquelau, filho do bandido Herodes – que mandou matar as crianças de Belém –, governa a Judeia em lugar de seu pai. Por isso, não se detém na Judeia. Busca lugar seguro e o encontra em Nazaré, na Galileia. Sem ter consciência disso, está realizando uma antiga profecia.

O Evangelho de Mateus, daqui em diante, não se ocupa mais de José, a não ser indiretamente num texto paralelo (Marcos 6,1-6a; veja Lucas 4,16-29).

2.3. Evangelho de Lucas

O primeiro comparecimento de José no Evangelho de Lucas se dá de forma indireta, ou seja, é citado pelo narrador como membro da dinastia de Davi (Lucas 1,27). Na narrativa da anunciação (Lucas 1,39-45) também não é citado, mas aproveito este espaço para mostrar a criatividade de pessoas que participam de grupos de oração e reflexão da Sagrada Escritura. Num desses encontros, partilhavam-se pontos de vista a partir desse texto, quando alguém interveio dizendo que dava muita importância a São José. "Mas ele está ausente, como pode ser importante nesse texto? Por que chamou sua atenção?" A pessoa, então, esclareceu: "Admiro São José pela confiança que depositou em Maria, deixando-a fora de casa por três meses. Eu tive de bater o pé com meu marido, que não queria deixar-me vir a este encontro".

Ninguém poderá dizer que essa pessoa não estivesse em sintonia com o Evangelho, pois essa senhora, de duas coisas, fez uma só: a Palavra de Deus e a vida que se vive.

A próxima presença de José no Evangelho de Lucas é a cena do nascimento de Jesus. José e Maria, prestes a dar à luz, se encontram na cidade natal de José, a Belém do rei Davi (Lucas 2,1-20). É interessante como se insiste no fato de José ser descendente do mais importante rei dos judeus. Se José era descendente do rei Davi, era grande a possibilidade de ele ter parentes em Belém. Porém, nada disso aconteceu, e Maria deu à luz o seu filho primogênito debaixo de um puxadinho, abrigo dos animais domésticos. Na sequência, José é mencionado na visita dos pastores. A primeira pergunta é feita pelos pastores que, em plena noite, cantam louvores a Deus. José é citado indiretamente.

A respeito da cena conhecida como a circuncisão de Jesus e sua apresentação ao Templo (Lucas 2,21-28) há que se explicar o sentido. Na verdade, dois eram os sacrifícios a serem oferecidos, um pela purificação da mãe e da criança e outro pelo resgate do primogênito. A purificação do sangue, porque o sangue contaminava. É o que se acreditava. De acordo com a Lei, todo menino primogênito e todo animal doméstico macho que nascessem pertenciam ao Senhor. O menino, porém, devia ser resgatado mediante o sacrifício de um cordeiro, que iria substituir o menino. Lucas não fala desse segundo sacrifício, e aqui está a sua intenção: mostrar que Jesus, desde criança, entrou no âmbito do pai. De fato, o Evangelho de Lucas é aquele que mais fala dessa relação.

Vamos ver isso de perto, pois pode trazer luz para a reflexão. No começo do Evangelho de Lucas, temos intensa moção do Espírito agindo nas pessoas. Isabel, Zacarias e João Batista são tomados pelo Espírito, bem como Maria, José, Simeão, Ana e Jesus.

Depois de receber o batismo, na sinagoga de Nazaré Jesus proclama que o Espírito do Senhor está sobre ele e o envia. A partir desse momento, por longo período não se fala mais do Espírito, e o motivo é este: o Espírito age em Jesus, de modo que tudo aquilo que realiza é pela força do Espírito que nele está.

Contrariamente a quanto afirmam os outros Evangelhos, as últimas palavras de Jesus em Lucas são a citação do Salmo 31,6: "Pai, em tuas mãos entrego o meu espírito" (Lucas 23,46). O Espírito é devolvido ao Pai após em Jesus ter concluído sua missão.

Lucas 4,16-29 é importante porque acrescenta um aspecto na vida de Jesus e reforça a ideia de José como pai educador.

A cena acontece na sinagoga de Nazaré, onde Jesus entra, escolhe um texto de Isaías apropriado para a ocasião e faz a leitura (com tradução simultânea, pois o povo não mais entende o hebraico, língua em que está escrita a maioria esmagadora dos livros do Antigo Testamento). Ele entrega o rolo de Isaías (que deveria ter de quatro a cinco metros de comprimento) e começa a dizer: "Hoje se cumpriu aos vossos ouvidos essa passagem da Escritura".

Nas sinagogas espalhadas aqui e acolá, o controle estava nas mãos dos escribas e fariseus, também conhecidos como Mestres da Lei. O povo não gosta das explicações que os escribas dão e acabam gostando das pregações de Jesus. Os escribas, vendo-se perdendo terreno, começam a inventar coisas para ridicularizar Jesus e sua imagem. A crítica mais contundente contra Jesus está no fato de não ter frequentado a escola desses mestres, com sede em Jerusalém. Está em jogo a formação acadêmica de Jesus. Para alguns, acreditar está condicionado a ver de perto a grade curricular frequentada por Jesus. É isso que as autoridades judaicas tentam fazer, e em parte conseguem, pois na sinagoga o povo, manipulado pelas autoridades judaicas, levanta suspeitas acerca da formação acadêmica e intelectual de Jesus: "Como entende ele de letras sem ter estudado?" (João 7,15).

Aqui cabe muito bem o que foi dito acima a respeito da educação que José deve ter transmitido a seu filho adotivo.

2.4. Evangelho de João

O Evangelho de João quase não faz referências a José, e isso pode ser devido à demora desse Evangelho em chegar a ser considerado canônico e por causa do uso indiscriminado que os gnósticos fizeram dele.

Os dois textos contemplados são João 1,45 e João 6,42:

• João 1,45: Filipe encontra Natanael e lhe diz: "Encontramos aquele de quem escreveram Moisés, na Lei, e os profetas: Jesus, o filho de José".

• João 6,42: E diziam: "Esse não é Jesus, o filho de José, cujo pai e mãe conhecemos? Como diz agora: "Eu desci do céu?".

A primeira frase identifica o prometido com o filho de José. O contexto é maior e abraça as primeiras palavras de Jesus no Evangelho de João: "Que procurais?".

A segunda citação envolve tema importante, ou seja, a origem de Jesus, de onde vem, quem o mandou etc. As pessoas, descobrindo o lugar geográfico do nascimento de Jesus, pensam conhecê-lo, mas, na verdade, a pergunta pelo lugar de origem de Jesus deve ter outra resposta. Toda vez que no Evangelho de João aparece a pergunta: "De onde?" é preciso prestar muita atenção, pois a resposta é: "De Deus".

3. São José na Liturgia e na vida da Igreja

3.1. Duas comemorações

São José é um dos poucos santos celebrados duas vezes ao longo do ano. Em primeiro lugar, a solenidade de 19 de março, na qual é celebrado como esposo da Bem-aventurada Virgem Maria.

Considerado Patrono da Igreja Universal, é celebrado solenemente. A solenidade cai sempre na Quaresma (não se reza nem se canta o Glória), mas a Liturgia prevê o Glória, Creio e tem prefácio próprio. Esta celebração tem profundas raízes bíblicas.

"José é o último patriarca que recebe as comunicações do Senhor através da humilde via dos sonhos (cf. Gn 28,12-14; Mt 1,21-24). Assim como o antigo José, é o homem justo e fiel (Mt 1,19) que Deus pôs como guarda de sua casa. Ele liga Jesus, rei messiânico, à descendência de Davi (Mt 1,1-16; Lc 3,23-38). Esposo de Maria e pai adotivo, guia a Sagrada Família na fuga e no retorno do Egito, refazendo o caminho do Êxodo (Gn 37; 50,22-26; Mt 2,13-21). Pio IX declarou-o Patrono da Igreja Universal, e João XXIII inseriu seu nome no Cânon Romano" (Missal Romano).

No dia 8 de dezembro de 2020, o Papa Francisco publicou a Carta Apostólica *Patris Corde*, por ocasião do 1500 aniversário da declaração de São José como Padroeiro Universal da Igreja.

Estas são as leituras da solenidade: 2 Samuel 7,4-5a.12-14a.16; Salmo 88(89); Romanos 4,13.16-18.22; Mateus 1,16.18-21.24a ou Lucas 2,41-51. Nesse dia, a Igreja reza assim: "Ó Deus de bondade, assim como São José se consagrou ao serviço do vosso Filho, nascido da Virgem Maria, fazei que também nós sirvamos de coração puro aos mistérios do vosso altar".

10 de maio: Memória litúrgica de São José Operário na celebração mundial do Dia do Trabalho. Foi instituída em 1955 por Pio XII.

"No Evangelho Jesus é chamado 'o filho do carpinteiro' (Mateus 13,55). De modo eminente nesta memória de São José se reconhece a dignidade do trabalho humano, como dever e aperfeiçoamento do homem, exercício benéfico de seu domínio sobre o mundo criado, serviço à comunidade, prolongamento da obra do Criador e como contribuição no plano da salvação (cf. *Gaudium et Spes* 34)" (Missal Romano).

A Liturgia da palavra propõe as seguintes leituras: Gênesis 1,26–2,3 ou Colossenses 3,14-15.17.23-24; Salmo 89(90); Mateus 13,54-58. Nesse dia, a Igreja reza assim: "Ó Deus, criador do universo, que destes ao ser humano a lei do trabalho, concedei-nos, pelo exemplo e proteção de São José, cumprir as nossas tarefas e alcançar os prêmios prometidos".

4. Patrocínios

Além do patronato da Igreja Universal e invocação de sua presença na hora derradeira para uma boa morte, São José é padroeiro de muitas entidades: escolas, hospitais, cidades, corporações, Patrono da Igreja Universal. Alguns exemplos ligados à Igreja e suas instituições mostram a importância de São José na vida dos católicos.

- Padroeiro principal do Estado do Ceará.
- Padroeiro principal nas arquidioceses de Fortaleza e Mariana.
- Padroeiro principal nas dioceses de Campo Mourão, Coxim, Erexim, Garanhuns, Grajaú, Iguatu, Itabuna, Ituiutaba, Macapá, Pesqueira, São José dos Campos.
- Padroeiro secundário na diocese de Oliveira.
- Titular nas catedrais de Fortaleza, Araçuaí, Campo Mourão, Coxim, Criciúma, Erexim, Itabuna, Macapá, Rio Preto e São José do Rio Preto.

5. O que aprendemos com São José

As experiências que fazemos, além de pessoais, são de algum modo intransferíveis. Isso acontece também com a forma usada para realizar a experiência, de sorte que, em São José, estão presentes muitos aspectos de sua personalidade. Assim, para alguns é exemplo de humildade, para outros, de pureza; outros o veem como provedor exemplar; pai amoroso para aqueles; homem fiel para outros; para Mateus, homem justo; nos Evangelhos José não diz uma palavra, mas seu silêncio possibilitou escutar Deus que o avisava e conduzia mediante os sonhos. Deve ter sido carinhoso com Maria e extremamente bondoso com o Menino que adotou como filho. Grande pedagogo, coube-lhe educar nada mais nada menos que o Filho de Deus. A imagem que o mostra carregando Jesus no colo é cheia de ternura e humildade. Sua grandeza está em ser humilde. Aprendeu e permitiu que à frente da glória caminhasse a humildade. Ensinou-nos que não é com belas palavras, mas, com ações concretas e com o corpo que nos foi dado, que nos santificamos. Mostrou-nos a necessidade de adotarmos crianças abandonadas e dar-lhes um lar, uma família. O ser humano age como insensato: abandona crianças e adota como filhos animais; se compadece dos bichinhos e acha normal o sofrimento e abandono dos pequenos seres humanos... Adote uma criança, porque com outros seres humanos é que você realiza sua paternidade.

É quase blasfemo autonomear-se pai dos bichinhos de estimação. A Bíblia nos ensina que o ser humano foi feito à imagem e semelhança de Deus. E declarar-se pai dos animais não traz luz alguma para a paternidade. Quando um animal ocupa o mesmo espaço dos seres humanos, algo está errado. Não se deve misturar os espaços. E a culpa não recai sobre os animais e sim sobre o ser humano, que busca uma identificação situada abaixo de sua dignidade.

6. Indicações para a novena a São José

As pessoas, individualmente ou em grupos de oração, gostam de fazer novenas aos santos, fato que aumenta a confiança no santo e nos dá mais disposição para defender a vida. A seguir, apresento um esquema de novena, caso as pessoas se sintam dispostas a executá-la.

Lembro que se trata apenas de um esquema. Deverá ser completado com introdução, cantos, leituras bíblicas, modo de fazer, modo de encerrar, duração, preparação do local etc.

Foram escolhidos temas, um para cada dia, em sintonia com a vida de São José.

Primeiro dia: Família
Texto bíblico: Lucas 2,41-50
Oração final (para todos os dias).
"Salve, guardião do Redentor
e esposo da Virgem Maria!

A vós, Deus confiou o seu Filho;

em vós, Maria depositou a sua confiança;

convosco, Cristo tornou-se homem.

Ó Bem-aventurado José,

mostrai-vos pai também para nós

e guiai-nos no caminho da vida.

Alcançai-nos graça, misericórdia e coragem,

e defendei-nos de todo mal. Amém."

Segundo dia: Refugiados

Texto bíblico: Mateus 2,13-18

Oração final (como no primeiro dia).

Terceiro dia: Antepassados

Texto bíblico: Mateus 1,1-17

Oração final (como no primeiro dia).

Quarto dia: Obedecer a Deus

Texto bíblico: Mateus 1,18-25

Oração final (como no primeiro dia).

Quinto dia: Idosos

Texto bíblico: Lucas 2,22-38

Oração final (como no primeiro dia).

Sexto dia: Rejeitados

Texto bíblico: Marcos 6,1-6a

Oração final (como no primeiro dia).

Sétimo dia: Visitas

Texto bíblico: Lucas 2,1-14

Oração final (como no primeiro dia).

Oitavo dia: Novo êxodo

Texto bíblico: Mateus 2,19-23

Oração final (como no primeiro dia).

Nono dia: O homem justo

Texto bíblico: Mateus 1,18-23

Oração final (como no primeiro dia).

Outros temas possíveis: trabalho, adoção, relações humanas, atenção à Palavra de Deus, educador, provedor...

Índice das citações bíblicas

2 Samuel 7 13, 14
2 Samuel 7,4-5a.12-14a.16 44
2 Samuel 8 35
2 Samuel 11,1ss 35
2 Samuel 12,1ss 35

C

Colossenses 3,14-15.17.23-24 45

D

Deuteronômio 1,8 36
Deuteronômio 22,29 32

G

Gênesis 1,26–2,3 45
Gênesis 12,10-20 36
Gênesis 13,1-13 31
Gênesis 15,1-6 31, 36
Gênesis 17,5-6 34
Gênesis 28,10-22 19
Gênesis 30,22 12
Gênesis 33,31 11
Gênesis 37,5-11 19
Gênesis 40,1-23 20
Gênesis 41,1-36 20

J

Jeremias 42 36
João 1,45 41
João 6,42 41
João 7,15 40
João 8,1-11 32

L

Lucas 1,27 37
Lucas 1,39-45 37
Lucas 2,1-14 53
Lucas 2,1-20 38
Lucas 2,7 21
Lucas 2,21-28 38
Lucas 2,22-24 23
Lucas 2,22-25 21
Lucas 2,22-38 52
Lucas 2,29-32 13
Lucas 2,41-50 51
Lucas 2,41-51 44
Lucas 2,49 23
Lucas 3,21-38 33
Lucas 4,16-29 37, 39
Lucas 11,5-8 24
Lucas 23,46 39

M

Marcos 3,1ss 25
Marcos 6,1-6a 27, 37, 53
Marcos 6,3 21, 23
Marcos 7,24-30 24
Mateus 1,1 34, 35
Mateus 1,1-17 15, 29, 52
Mateus 1,16 17, 30
Mateus 1,16.18-21.24a 44
Mateus 1,18-23 53
Mateus 1,18-25 52
Mateus 1,20 15
Mateus 1,25 21
Mateus 2,13-15 36
Mateus 2,13-18 52
Mateus 2,19-23 53
Mateus 3,15 35
Mateus 5,20 33
Mateus 9,27 16
Mateus 12,23 16
Mateus 13,54-58 45
Mateus 13,55 23, 44
Mateus 15,22 16
Mateus 20,30-31 16
Mateus 21,9a.15 16
Mateus 22,41-46 16

O

Oseias 11,1 36

R

Romanos 4,13.16-18.22 44

S

Salmo 31,6 39
Salmo 88(89) 44
Salmo 89(90) 45

Rua Dona Inácia Uchoa, 62
04110-020 – São Paulo – SP (Brasil)
Tel.: (11) 2125-3500
http://www.paulinas.com.br – editora@paulinas.com.br
Telemarketing e SAC: 0800-7010081